⌐LETTRES

DE BRETAGNE

Ces Lettres ont paru dans le *Journal des Villes et des Campagnes*, en septembre, octobre et novembre 1866.

LETTRES

DE

BRETAGNE

PAR

VICTOR PIERRE

———⸺∾∾⸺———

PARIS

IMPRIMÉ PAR A. PILLET FILS AÎNÉ

5, RUE DES GRANDS-AUGUSTINS, 2

——

1867

Permettez-moi de vous dédier ces quelques pages, écrites les unes près de vous, sous votre toit, les autres en me souvenant de vous.

C'est ma seconde dédicace; notre cher abbé Gabriel a accueilli la première, il y a dix ans. Vous rencontrerez son nom dans l'une de ces lettres : daignez agréer que le vôtre en honore le frontispice.

VICTOR PIERRE

LETTRES

DE BRETAGNE

I

Septembre 1866.

Me voici au bout de la Bretagne, en pleine Armorique, sur les confins du Léonais et de la Cor-
nouaille ! La mer s'étend sous nos fenêtres en
vastes nappes, tantôt calme et scintillante sous le
soleil, tantôt bruissante et moutonneuse. Elle remonte de Brest jusqu'à Landerneau, où elle recueille les eaux ferrugineuses de l'El-Orn. C'est
sur les élégants clochers de Landerneau que se lève
pour nous l'aurore, toute rose, comme dans Homère ;
Brest envoie les vents d'ouest, doux et tièdes,
même quand ils font furie. En face, du côté du

nord, des amas de granit, assises gigantesques qui défient la tempête ; autour de nous, l'hortensia, haut de six pieds et couronné de larges fleurs bleues, le fuchsia s'élevant en touffes arborescentes, le tamaris, le figuier, le laurier, tous les arbres de la Provence.

Telle est l'Armorique, sévère et riante : des rochers sur ses côtes et des oasis dans ses vallées.

Le recueillement semble l'habiter. Avant d'y arriver, on le pressent ; dès l'arrivée, on le respire.

A peine quittions-nous Le Mans qu'un air de silence universel nous avait frappés. Nous traversions des champs qui semblaient déserts, des villes dont pas un bruit ne s'échappait. Laval dort sur la Mayenne ; Rennes, vaste et solennelle, se recueille au milieu de ses palais, de ses canaux et de ses places. On dirait que les ingénieurs eux-mêmes ont craint de troubler cette paix ou ces calmes habitudes ; la voie ferrée tantôt borde seulement les villes, comme à Saint-Brieuc, ou les domine comme à Lamballe et à Morlaix ; tantôt elle ne les laisse apercevoir que dans le lointain, comme Guingamp, qui trône au-dessus de ses plantureux vallons, ou les tient même hors de vue comme Lannion et tant d'autres. Ce pays désert est l'un des plus peuplés de France ; ce pays silencieux entend mugir de toutes parts les vents de l'Océan. Histoire ou légende, mœurs ou littérature, climat, aspects ou costumes : nous sentons un peuple que la nature comme sa volonté ont tenu à l'écart de ses voisins, qui s'est ramassé sur lui-même et dont l'originalité a ainsi triomphé des siècles.

Voyez ces vaches, si petites et si fécondes ; ces chevaux, courts et musculeux, farouches, puissants d'arrière-train ; ces chênes qui ne se développent qu'en grosseur et que le vent semble avoir *étêtés*, comme pour leur donner la force de résister aux orages ; ces masses de quartz et de granit qui servent de base à la terre, de fondement aux maisons, de digues contre les flots : n'y a-t-il pas là tous les traits de l'harmonie et de l'unité ? L'homme ne dépare pas ces images d'énergie et de solidité. Il se balance, petit et trapu, l'œil bon, les façons un peu gauches, l'allure lente. Les vanités passent à côté de lui, sans plus le toucher que les événements de ce monde ; qu'il vente ou qu'il pleuve, il dormira sur sa barque, sous une tente de voile, au roulis des vagues, tandis que ses enfants jouent sur la plage et que sa femme et sa fille s'aven-

1.

turent, jambes nues, sur les rochers pour recueillir le goëmon.

Les vestiges de sa foi sont partout : celle des druides sous forme de dolmens et de menhirs que le temps n'a pas ébranlés; sa foi actuelle dans ses églises, ses chapelles, ses croix de granit, ses cime- tières et ses calvaires. C'est un pèlerinage que le voyage de Bretagne. Chaque paroisse comprend nombre de chapelles que desservent les vicaires; dès cinq heures du matin, ils s'en vont, à cheval quelquefois, le plus souvent à pied, par des che- mins creux, défoncés par la pluie et baignés d'eau. Le dimanche, les membres de la famille se parta- gent: les uns vont à la paroisse entendre la grand'messe, à deux ou trois heures de distance, les autres à la chapelle voisine. Dans le cimetière, la place d'honneur est au curé ou au recteur, de- vant le clocher ou derrière l'abside; tantôt une simple pierre, tantôt une statue, quelquefois une sculpture en demi-relief sur la pierre tombale, avec une inscription indiquant que les paroissiens ont fait les frais de ces tombes. Point de travail le di- manche; si le pêcheur vous promène en mer, il n'accepte pas de salaire; s'il pêche, il ne vendra pas son poisson. Les portes et les fenêtres ne sont fermées que pour le vent et l'orage. L'honnêteté, la loyauté, la droiture respirent dans ces physionomies un peu rudes. Il en est plus d'un qui ne sait pas lire sans doute ; mais trois et quatre années durant il a recueilli les leçons du catéchisme, il en a pratiqué la morale avant que de la connaître, il ne voit autour de lui que des exemples de travail, de chasteté et de devoir, il s'y tient fermement attaché : qu'on en demande autant à ceux qui savent ce qu'il ignore ?

L'énergie de ce peuple dans la foi, sa naïveté, sa santé morale avaient touché le cœur de ce pauvre abbé Gabriel ! Il aimait à vivre ici ; le spectacle d'un peuple tout entier chrétien réjouissait son âme et retrempait ses croyances.

Hélas! à chaque pas, nous retrouvons sa mémoire. Montons à droite le chemin qui part de la plage · c'est là la chapelle où, le dimanche, à l'Évangile, il se plaisait à entretenir ses chers voisins dans une langue qu'ils n'entendaient pas toujours, mais avec un cœur dont ils comprenaient les élans. Voici la chapelle domestique où il montait chaque matin à l'autel, et qui a été, sur ce coin de terre

armoricaine, sa dernière station. Voici, sur la hauteur, l'allée des hêtres, où il aimait à se promener,
son bréviaire à la main ; voici la chaise où il s'as-
seyait, à l'abri du vent d'ouest, en face de la mer, dont
les spectacles l'enivraient, presque en vue de l'endroit
où il devait périr ! A peine ai-je mis le pied en Bretagne, c'est son souvenir qui m'accueille, et, dans
ces lieux qui sont tout pleins de lui, il est le premier
objet de nos entretiens comme il en sera longtemps
le plus cher !

II

LA POINTE SAINT-MATHIEU

A l'extrémité d'une plaine vaste et aride, morce-
celée à l'infini par de petits murs en pierres sèches,
imaginez des falaises de quartz et de granit, hautes
de cent pieds environ, tantôt escarpées et toutes
droites, tantôt creusées en grottes ou poussant des
pointes en avant dans la mer. A l'horizon, des îlots
qui ne sont que des écueils, autour desquels les vagues sautent et écument; sur leur chemin, d'autres
roches qui les irritent et qu'elles franchissent en se
précipitant. La marée est pleine, le vent souffle de
l'ouest. Il faut voir comme les flots s'élèvent, se
gonflent, s'élancent à la course comme un escadron
qui charge ! A la rencontre des falaises et des roches, la vague se brise, rebondit en gerbes, tonne
en se déroulant sur la plage, fait coup de canon

dans les grottes où elle s'enfonce, se ramasse et se dresse pour pénétrer dans les anses, où elle se développe avec lenteur et d'où elle se retire rapidement en grinçant sur les galets. A nos pieds, à droite, à gauche, partout cette écume qui jaillit, ces flots qui s'avancent, se succèdent et se combattent, partout ces bruits éclatants où sourds qui se prolongent et retentissent dans les cavernes ! Spectacle admirable et terrible que chaque pas renouvelle, dont les scènes varient à chaque coup d'œil, et qui vous retient debout sur une pointe de roc dans une longue et immobile contemplation.

Ecoutons maintenant la légende :

Vers le milieu du sixième siècle, « une flotte de navires léonnois, qui estoit allée trafiquer en Egypte, trouva moyen d'enlever subtilement le chef du glorieux apostre et évangéliste saint Mathieu, lequel ils emportèrent en Bretagne. Ayant passé le Raz de Fontenay sans danger, comme ils vouloient doubler le cap de Pennarbed, l'admiral qui portoit la sainte relique heurta de roideur un grand escueil qui paroissoit à fleur d'eau ; alors ceux qui estoient dedans crièrent miséricorde, pensans estre tous perdus ; mais (chose merveilleuse !) le roc se fendit en deux, donnant libre passage au vaisseau qui estoit chargé d'un trésor si précieux, lequel ils mirent à terre à la pointe dudit cap et allèrent rader au hâvre du Conquet qui est là auprès... Saint Tanguy vouloit édifier un monastère au même endroit auquel le chef du saint apostre avoit esté posé, lorsqu'on le descendit du navire, tout sur la pointe et dernière extrémité du cap ; mais plusieurs jugèrent ce lieu incommode, pour estre sur le bord de l'Océan, et, par conséquent, exposé aux vents et sujet aux descentes des corsaires, et estoient d'avis de le bastir plus avant en terre ferme, à cinq ou six cents pas de là. Saint Tanguy se laissa aller à leur opinion, fit charroyer les matériaux en ce lieu et ouvrir des fondemens ; mais Dieu montra, par un miracle évident, qu'il vouloit que ce monastère fût édifié au lieu que le saint avoit premièrement choisi ; car quand ils commencèrent à travailler au massonnage, ce qu'ils avoient fait en un jour, ils le trouvoient, le lendemain, miraculeusement transporté au premier lieu : ce qu'estant arrivé plusieurs fois, ils continuèrent l'édifice audit lieu, avec telle diligence qu'en peu de temps l'édifice fut accompli... »

Ce sont les restes de ce monastère et de cette

église, pillés et ravagés tour à tour par les Normands, les Anglais, les protestants et les pirates, rebâtis dans le cours du treizième siècle, dévastés encore par les révolutions, que nous avons sous les yeux.

J'ai vu des églises en ruine ; j'ai vu, entre autres, celle de l'abbaye de Jumiéges ; mais la verdure égaye ses frises, le lierre monte sur les flancs de ses tours et s'y suspend en festons, les sapins s'élèvent comme des fûts de colonnes pour dessiner l'abside du chœur ; c'est une ruine, mais non pas comme ici une ruine désolée. Ces murailles noircies par la pluie, ces faisceaux de colonnes qui n'atteignent pas leurs chapiteaux, ces piliers que l'arcade ogivale rejoint encore, mais qui ne portent plus ni les galeries supérieures ni les voûtes, ces dalles éparses çà et là, ou remplacées par une terre nue où ne pousse pas un brin d'herbe : tout trahit l'abandon, l'indifférence et l'oubli. Des temps anciens, nous ne retrouvons que le phare, je veux dire un phare nouveau « sous tous les rapports bien supérieur à l'ancien, » dit un itinéraire, et je l'en crois sans peine ; mais la maison de la prière, qu'en a-t-on fait ? Elle ne subsiste dans son admirable situation, et avec le grand aspect de ses débris, que pour attester les profanations d'autrefois et l'incurie d'aujourd'hui.

Est-il possible que dans notre âge d'intelligentes restaurations artistiques; en Bretagne, sur cette terre de foi; dans cette position unique, à l'extrémité de la France, au-dessus de ces roches écumantes et funestes, il ne se soit pas rencontré d'hommes assez généreux pour oser rebâtir ces ruines et les rendre à la foi et à l'art ? Quand les Marseillais ont choisi la pointe la plus élevée de l'une des collines qui enserrent leur ville pour le riche sanctuaire de Notre-Dame-de-la-Garde, tandis que l'autre colline portait leur cathédrale, comment cette église de Saint-Mathieu, dernière sentinelle de la France chrétienne sur l'Océan, a-t-elle été abandonnée du culte et dépouillée de sa croix ?

Imagine-t-on que cette belle église restaurée puisse déparer le phare qui l'avoisine, l'horizon qu'elle regarde et les terribles scènes qui l'entourent ?

A quelques pas de l'église, on voit des pans de murs qui ont dû appartenir au monastère ou au fort, une source d'eau douce qui jaillit dans le rocher à dix mètres de la mer, cinq ou six maisons de misé-

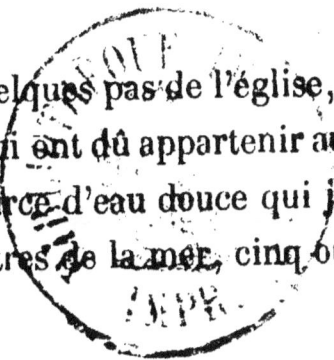

rable apparence. A considérer ces toits de chaume,
ces pierres mal jointes, ces murs à hauteur d'appui
recouverts de fientes de vache qui sèchent et qui
deviendront des mottes pour brûler, ces monceaux
d'herbes marines qu'on prendrait indifféremment
pour des tas de fumier ou de chiffons, je me rappe-
lais un village de la Nord-Hollande, Kidjvynn, si je
ne me trompe, enseveli dans les sables flottants qui
encombrent la pointe du Helder, véritable image de
pauvreté et de désolation. Il paraît que je me trom-
pais : les populations de Saint-Mathieu sont loin
d'être sans ressources, et c'est la mer qui les leur
fournit. Dans ces terres d'apparence stérile croissent des blés très-estimés; les moutons qui broutent ces maigres touffes de gazon jauni et desséché
fournissent les plus savoureux gigots; enfin les
algues marines se vendent comme engrais ou sont
portées à une grande usine du Conquet, où l'on en
fabrique de la soude, de l'iode et du brome.

La mer, violemment agitée hier, donnait aujour-
d'hui une récolte abondante. Femmes, hommes,
enfants, armés de tridents recourbés en râteau, se
juchaient sur les rochers ou se rassemblaient dans

les anses. En voici cinquante réunis sur un seul point et tranquillement appuyés sur le manche de leur outil. Une grosse vague accourt, noire et lourde : c'est le varech, l'algue ou le goëmon, comme vous voudrez l'appeler : tous se précipitent, s'avancent contre la vague, s'y jettent et plongent leur trident qu'ils retirent aussitôt chargé de dépouilles. L'herbe s'élève en tas ; avec les fourches, on la hisse sur les charrettes que des chevaux vigoureux traînent péniblement dans des chemins roides et rocheux ; ils débouchent sur le plateau où d'autres ouvriers les déchargent. La plaine est ainsi tapissée de gœmons en grappes, en touffes feuillues, en larges rubans brodés, en longs fils sans fin qui sèchent au vent et au soleil. Dans ces jours de récolte, qui suivent d'ordinaire les jours de grande marée ou d'orage. ces plateaux déserts s'animent ; c'est la Fortune qui les visite.

En revenant de la pointe Saint-Mathieu, les yeux sont rassasiés de magnificences, les oreilles de mugissements, l'âme de grandes émotions. On s'éloigne un peu de la mer, on hâte le pas : il faut se dérober par la fuite à ces spectacles ; si l'on se retourne, l'admiration vous cloue en place et va vous changer en statue. L'esprit se recueille, le cœur s'élève, et pour se maintenir en haut, il n'a besoin ni d'imagination ni d'effort, il lui suffit de se souvenir.

III

BREST

Nous sommes arrivés à Brest par la route im-
périale de Paris. On traverse les nouveaux quar-
tiers bâtis par la trop fameuse société des *Ports de
Brest*, une grande place dessinée en trapèze par les
arbres plantés sur les glacis des remparts (c'est la
place de la Liberté), et, après avoir franchi au pas
une double porte et un double fossé, on débouche
dans des rues étroites et rapides, quelques-unes qui
ne sont que des rampes ou des escaliers, et qui con-
vergent toutes au port. Si Brest n'était qu'une ville,
elle serait petite, étroite et étranglée, un vrai trou.
Même aspect lorsqu'on arrive du côté opposé, par
la route du Conquest; mais les rues sont plus escarpées et les maisons ont un air misérable. Brest,
vu de la rade, n'a pas meilleure façon ; c'est un

entonnoir au pied de deux forts. L'embarcadère du chemin de fer donne sur le cours d'Ajot, sur la rade, sur les dix ou douze vaisseaux qui sont à l'ancre, sur deux cents barques de pêcheurs aux voiles rouges et blanches, tout près sur le Port de commerce, au loin sur les côtes de Plougastel et de Crozon, sur les cîmes du Ménec'hom, au fond à droite sur l'étroit goulet qui ouvre accès à l'Océan. Le spectacle est admirable ; mais la ville de Brest n'y est pour rien. Les beautés de Brest, le port et l'arsenal, sont des beautés cachées, c'est leur mérite ; encore faut-il, même arrivé dans Brest, les aller chercher ; quelques chalands amarrés, deux avisos désarmés, quatre ou cinq barques, donnent au premier bassin, étroit et qui semble fermé au prochain détour, les allures mesquines du plus humble des ports de commerce.

Le pont Impérial change tout de suite les premières impressions.

Il s'élève à soixante pieds au-dessus de la mer et sur une portée de près de quatre cents pieds, partagée en deux volées de fonte dont la légèreté défie celle du pont d'Arcole à Paris. A chaque extrémité, des culées énormes, bâties en granit, supportent es centres de rotation ; elles font communiquer la rue de Siam d'un côté, et l'une des rues de Recouvrance de l'autre, avec les quais, par un escalier de cent seize marches, divisé en quatre étages ; à chaque étage, des arches de granit soutiennent l'énorme contre-poids à l'aide duquel quatre hommes peuvent ouvrir ou fermer le pont, c'est-à-dire un poids de 750,000 kil. pour chaque volée. L'opération se fait en un quart-d'heure. La hauteur de cette arche unique, la hardiesse et l'étendue de sa projection, sa légèreté, l'imposante et élégante masse de ses culées, de ses arcades et de ses escaliers, la foule qui passe à son ombre sur les quais ou sur l'eau : tel est le premier et grandiose spectacle qu'offre le port.

Après avoir admiré une pareille œuvre comme elle le mérite, j'ai donné à peine un regard aux ruines de la tour de la Motte-Tanguy, située à l'une des extrémités du pont. Ne l'a-t-on pas déguisée sous un accoutrement de fantaisie ? Comment reconnaître ses vieux murs dans leur tenue de marionnettes ?

Du haut de ce pont on aperçoit les magasins de la garniture, l'ancien bagne, l'hôpital de la marine, qui s'étagent au-dessus les uns des autres, et dont l'architecture, fort simple d'ailleurs, rappelle les graves et longues lignes de l'hôtel des Invalides.

Nous descendons et gagnons l'arsenal, auquel on accède par un étroit passage dont une paroi de schiste rose, coupée à pic, forme l'un des côtés. Nous traversons sur un pont de bois le port, encombré de frégates, de vaisseaux, de corvettes en armement, et nous voici en face de la *Cayenne*, immense caserne juchée sur le roc et dont je renonce à compter les fenêtres. Nous suivons à gauche une ligne de canons qui se chargent par la culasse, et dont les officiers d'artillerie essaient le jeu. Plus loin, des amas de boulets ronds, qu'on va jeter à la fonte comme passés de mode et d'usage ; à côté, les boulets coniques ou cylindriques, longs de 60 à 70 centimètres, larges de 15 à 20, et destinés à défoncer les cuirasses.

Nous visitons la salle d'armes : je ne la comparerai pas à celle de Vincennes, qui a une supériorité artistique de disposition hors de conteste. Fusils et mousquetons d'anciens et de nouveaux modèles, sabres et poignards d'abordage, remplacés aujourd'hui par le revolver ; la terrible hache, si commode à la main ; des pierriers en cuivre. Au centre de cette longue salle, il y a une sorte de pavillon où l'on voit le buste de l'empereur, l'aigle à ses côtés, à droite et à gauche des palmiers formés d'assortiments de fusils ou de pistolets. Nous remarquons, parmi les pièces curieuses, de longs fusils de siége chinois ou russes, des armes mexicaines et espagnoles, une couleuvrine de 1 mètre 50 cent., datant de François Ier et se chargeant déjà par la culasse, enfin un sabre de 70 centimètres environ, large de 6, qui a tranché la tête de Gordon Warhouse, condamné à mort comme espion par un conseil de guerre, et exécuté le 1er juin 1769.

Auprès d'une cale où l'on blinde une vieille frégate dont le nom m'échappe, à travers des débris de boulets, de cuirasses, d'ancres, de cabestans et de câbles, nous arrivons aux ateliers des forges. C'est la machine à vapeur qui met en mouvement ces tours, ces tarières, ces lourds marteaux ; les plus épaisses plaques de fer sont percées, aplaties, courbées, pliées, forées sans le plus léger effort de l'homme. Une longue et énorme pièce sort du feu, ardente et rouge : le marteau tombe, la flamme éclate et jaillit ; on la tourne, on la retourne, le marteau tombe toujours, jetant au loin les étincelles et les fragments de fer. Quels marteaux et quels bras ne faudrait-il pas à l'homme, privé du secours de la vapeur ! La force qu'elle procure et le temps qu'elle épargne confondent l'imagination.

Nous gravissons à gauche une rampe qui nous conduit, après une longue et pénible montée, aux ateliers de fonderie. Je ne sais si le bâtiment qui les renferme n'est pas aussi extraordinaire que les fonderies elles-mêmes. C'est une muraille en granit, fondée sur le roc, et qui, se renversant en arrière comme un talus, présente une masse de cinquante ou soixante pieds de haut.

Ainsi nous marchons d'étonnements en étonnements : effort de la nature, effort de l'homme, voilà Brest. Toulon à l'étendue joint la grâce ; Brest conquiert chaque jour l'étendue, mais n'aura jamais que la force.

A la porte de la fonderie gisait, presque abandonné, un canon de bronze datant de 1746, sous Louis *le Bien-aimé*. Il portait l'écusson de France, des ciselures, des moulures, une inscription ou une légende, tous accessoires réputés inutiles auxquels a renoncé la balistique moderne. Le bronze aux reflets verts et chatoyants a été abandonné comme

aile a quatre mètres de long, ce qui représente un tour de huit mètres, ni des chaudières colossales destinées aux grands vaisseaux, ni des roues qui les accompagnent ; les fourneaux n'étant pas allumés, l'intérêt disparaît en partie.

A la sortie, nous nous sommes trouvés sur la culée qui porte la machine à mâter. Avec le pont tournant, c'est ce qui m'a semblé le plus extraordinaire. Voir du quai cet engin suspendu sur la mer à cent dix ou cent vingt pieds de haut, avec ses lourds crochets qui se dessinent sur le ciel, n'est pas moins effrayant que de le voir de près, sur la plate-forme, presque suspendu soi-même sur l'abîme qui vous donne le vertige. Nous descendons par un escalier de cent vingt-six marches et nous aboutissons sur le quai, près de nouvelles cales que l'on creuse dans le roc à l'aide de la pioche et de la mine.

Lorsque, dans la Nord-Hollande, on parcourt la digue du Helder, on ne se rend pas compte, maintenant que le travail est terminé, des efforts gigantesques qui ont été nécessaires pour l'accomplir. C'est à deux cents pieds de profondeur, dans une mer toujours agitée, qu'il a fallu, dit-on, jeter des blocs de basalte que les navires hollandais rapportaient de la Norwége. Où sont-ils, ces blocs? qui les voit? On marche sur une digue solide que la mer respecte; il semble qu'elle ait toujours existé. De même à Marseille; qui croirait, à voir ces admirables docks, d'une architecture si hardie et si grandiose, qu'ils ont été établis sur la mer et que des masses énormes de rochers artificiels en ont composé le fond et la base? A Brest même, ici près, en voyant le port de commerce et les quais qui l'avoisinent, on oublie facilement que les flots de la rade venaient déferler sur le sable ou le granit, comme dans les baies voisines de Saint-Marc ou de Moulin-Blanc. Pour le port militaire, l'oubli n'est pas possible; les parois de granit et de schiste sont là, bordant les quais de chaque côté; le travail d'autrefois se continue tous les jours, soit pour élargir le port, soit pour le rendre plus profond, soit pour y creuser de nouvelles formes; les anciennes difficultés restent toujours présentes, et l'ingénieur moderne ne peut être fier de ses ressources qu'après avoir rendu justice aux efforts et aux succès de ses ancêtres.

Il faut terminer cette visite.

2.

Voici l'*Hercule*, qui sert de pénitencier pour les disciplinaires; ils sont employés aux plus pénibles et aux plus grossiers travaux du port. Voici le *Duquesne*, le **Jean Bart**, ces vieilles gloires de notre marine; voici des corvettes qu'on blinde et auxquelles on adapte l'éperon; elles sont doubles de longueur des anciennes.

Nous montons à la corderie par soixante-seize marches; elle mesure quatre cents mètres; je la crois plus longue que celle de Toulon, mais elle est un peu basse de plafond et étouffée.

Nous visitons la scierie, reléguée dans une anse; nous passons devant ces immenses magasins de la garniture, de l'approvisionnement, etc., que nous avions aperçus du haut du pont Impérial.

En outre de son port militaire, qui est au-dessus de tout éloge, Brest a voulu avoir un port de commerce. Il a été construit, au pied du cours d'Ajot, en pleine rade; il mesure une immense surface, protégée par un môle recourbé à ses deux extrémités et par deux jetées avec deux issues, l'une à l'est et l'autre à l'ouest. Il communique avec le chemin de fer de l'Ouest par un tronçon spécial qui aboutit au quai et qui va rejoindre la voie principale au delà du Moulin-Blanc, à 3 kilomètres environ. On cherche un peu les navires dans cette vaste enceinte; on y voit le bateau à vapeur de Châteaulin, quand il est à quai; quelques chasse-marées, et c'est à peu près tout. Le bruit court que l'Etat a l'intention d'y installer sa marine à vapeur, qu'il a dû reléguer dans la rivière de Châteaulin, et de renvoyer plus loin le port de commerce.

La véritable question est de savoir si Brest, au point de vue commercial, a des chances d'avenir. J'ai entendu exprimer des avis fort opposés par des personnes diversement compétentes.

Les uns disent : Brest est au bout de la France; il n'offre que des débouchés lents et difficiles, même par le chemin de fer; tout au plus serait-il favorable à l'importation, mais comment exporter d'un pays qui n'entend rien au commerce, qui n'a pas d'industrie et qui ne pourrait donner aux navires de fret de retour?

D'autres espèrent que les chemins de fer ajouteront une seconde voie à celle qui existe déjà, et qu'ils organiseront des trains plus nombreux et plus rapides. Ils font remarquer qu'après les longues navigations transatlantiques, les capitaines de navires comme les passagers hésitent à s'engager dans la Manche, bien plus pénible et plus difficile que l'Océan ; Brest est au bout de la France comme la première porte ouverte pour y entrer ; cent lieues d'avance sur le Havre, un bon port, des débouchés faciles pour le nord, le centre ou le midi, n'y a-t-il pas là de quoi tenter l'avenir ?

Ce sont les commerçants qui tiennent pour la première prédiction, et les marins pour la seconde. Nous ne savons qui aura raison des deux, des commerçants ou des marins ; l'expérience décidera, et si le commerce doit visiter ces parages, il y viendra de soi avec le flair du succès.

IV

AUDIERNE ET LA POINTE DU RAZ

Méchante carriolé ! Les coussins sont durs, les ressorts brisés, la capote déchirée et laissant voir la filasse, le tablier tout humide. La bête n'est pas meilleure. Par surcroît, la pluie nous prend en route, bruine pénétrante et épaisse qui abrége le jour d'une heure. Personne sur la route. A Plonéis, nous croisons un convoi ; la bière, à peine couverte d'un drap, est placée sur une charrette que traîne une paire de bœufs ; derrière suivent des vieillards qui hâtent le pas et de vieilles femmes récitant leur chapelet. Nous saluons à travers la brume le clocher de Plouaré ; nous côtoyons celui de Confort, que précède un élégant Calvaire reposant sur un édifice triangulaire, dont chaque côté porte trois statuettes. La pluie fouette, la bise siffle, il faut ne

donner qu'un coup d'œil à la belle église de Pont-
croix. — Tel a été, le 25 septembre, notre voyage
de Quimper à Audierne, où la voiture nous dépose,
à sept heures et demie du soir, mouillés et transis,
devant l'auberge de M. Batifoulier.

Cette auberge est, à Audierne, seule de son es-
pèce, et l'hospitalité y est d'ailleurs excellente. Au-
vergnat de naissance, jadis ouvrier du port, auber-
giste aujourd'hui, M. Batifoulier est un homme
court, bien renflé ur les hanches, la figure ronde,
les lèvres lippues, l'œil grave et tranquille ; toujours
calme, maître de soi, souriant rarement et comme
un homme qui s'entend, au besoin même se sau-
vant par un sourire de toutes les occasions de
rompre le silence : voilà notre hôte. Ses traits et sa
tournure rappellent certaines races de l'Océanie
dont on voit les échantillons en cire au musée
de la marine à Paris ou dans le musée chinois de
La Haye.

Le lendemain, le soleil se leva avec le jour et
nous montra sous nos fenêtres une belle nappe
d'eau, comblant le bassin à fleur de quai, tandis
qu'en descendant vers la jetée, autour de la baie
comme à l'horizon, les vagues s'élevaient, blanchis-
saient, roulaient sur elles-mêmes et venaient défer-

ler à nos pieds avec un bruit épouvantable. Qu'un peu de vent d'ouest vînt à souffler et la Pointe du Raz allait donner grand spectacle ! A tout hasard, nous partons à dix heures dans une berline et avec une rosse de la même famille que celle de la veille.

Nous traversons et laissons derrière nous, à droite et à gauche, Esquibien, Saint-Tugeau, Primelin et Plogoff. La plaine est aride, l'ajonc même rabougri et chétif. Voici cependant des fermes, des vaches ; voici des femmes, des enfants, des fillettes de bonne mine. De loin en loin, soit par-dessus les falaises, soit dans les anses, quand la plaine s'affaisse et se creuse, la mer apparaît sur la gauche, les vagues hautes et tonnantes. Les amas de goëmons se multiplient autour de marais et de bassins naturels, puis les pierres et les galets ; la végétation devient de plus en plus rare. Salut à Notre-Dame du Bon-Voyage ! C'est une petite chapelle placée sous une invocation fort opportune en ces parages. Enfin, nous dépassons le phare et les sémaphores où stationne une troupe d'enfants en guenilles, *ciceroni* aussi empressés qu'inutiles.

Nous ne rechercherons pas, s'il vous plaît, les restes invisibles de la ville d'Is, submergée à une

époque antéhistorique ; nous négligerons les légen-
des druidiques sur la baie des Trépassés ou sur
l'île de Sein ; oublions Velléda, les poètes, l'histoire elle-même : il suffit du spectacle qu'on a sous
les yeux.

C'est la pointe, d'abord, dite du Raz, c'est-à-dire
du détroit, à cause du passage de mer qui la sépare
de l'île de Sein : passage resserré, traversé par des
courants rapides et hérissé de rochers. La pointe
est un amas de blocs granitiques ou schisteux, ron-
gés par le vent et les flots, et garnis de maigres li-
chens. Elle s'avance dans la mer et y tombe presque d'aplomb, précédée d'une série d'îlots que la
mer découvre à marée basse et qui vont en droite
ligne à l'île de Sein, le plus gros grain de ce chapelet. Elle semble toute proche, quoique à deux
lieues de terre : à l'aide d'une longue-vue, on y
aperçoit des fermes, un clocher, et sur les pointes
de rocs des goëlands perchés comme en observa-
tion. Elle renferme, dit-on, 600 habitants, isolés
sur l'Océan, et qui restent parfois des mois entiers
sans communication avec la terre ferme.

La baie se dessine en un demi-cercle immense,
brisé à chaque pas par de profondes anfractuosités

où la mer se plonge et rugit. Au centre, la baie des
Trépassés étale ses sables relativement calmes, en-
fermés et dominés par les falaises. Tout le long de
la baie on suit un petit sentier en terre de bruyère
noire et glissante; au-dessus, des têtes de rochers
émergent du sol et semblent le peupler comme un
petit Carnac, tandis qu'à ses pieds et tombant à pic,
s'élargissant, se resserrant, s'enfouissant sous
terre ou faisant saillie contre les flots, les rochers
en subissent l'effort, blanchissent sous l'écume et
semblent chanceler dans leurs bases. Ces bruits,
éclatants ou sourds, soudains ou prolongés, proches
ou lointains, se mêlent, se doublent, se répercutent
au sein de mille cavernes et se confondent en une
basse continue. L'oreille subit comme un vertige de
sons; elle écoute, écoute encore et voudrait écouter
davantage; on s'assied, on se lève, on s'arrête; il
semble qu'on ne veuille laisser échapper aucune
note de ces puissants instruments.

C'est ainsi qu'on revient à l'anfractuosité la plus
proche de la pointe et la plus terrible.

On raconte que, il y a quelques années, un
homme y arriva un matin, renvoya la voiture qui
l'avait amené, et, tout en flânant sur la falaise :
« Où faut-il que je me jette ? » demanda-t-il comme

par manière de plaisanterie aux gamins qui l'entouraient. « Là, » répondirent-ils ; et ils montraient le Trou d'Enfer. Il se précipita en effet, et l'on n'a jamais retrouvé ni son cadavre ni rien qui lui ait appartenu.

Ce Trou d'Enfer, pour l'appeler par son nom, n'a par la base que cinq ou six pieds de large ; deux montants de roches toutes noires, lisses et droites comme un fourreau, s'élèvent en s'évasant jusqu'au niveau de la falaise. Par-devant, une roche dont la forme rappelle, mais dans des proportions colossales, les sphinx égyptiens assis sur leurs énormes pattes de granit, semble défendre l'entrée et divise le flot. La mer s'y brise en écume, et, repoussée en arrière par le choc, elle rebrousse dans un couloir qui s'ouvre à gauche et qui débouche vers l'entrée. Elle rencontre alors de nouveaux flots qui poussent en avant, gagnent le dessous du rocher, courent dans des voûtes étroites, et, tout en grondant sous nos pieds, vont ressortir de l'autre côté de la pointe.

Mais que sont tous ces détails à côté de l'aspect que présente cet assaut général de vagues amoncelées sur toute l'étendue de cet hémicycle de roches, qui retombent sans cesse pour se relever et s'élancer plus haut ?

Il manquait à notre excursion d'avoir fait le tour du cap du côté de la mer.

L'entreprise n'est pas sans difficulté, et les personnes prudentes doivent s'en dispenser. Sans parler de la hauteur du cap au-dessus de la mer (70 mètres, dit-on), et des bruissements qui montent d'en bas et qui pourraient vous étourdir, il n'existe qu'un sentier, interrompu cent fois et seulement frayé par les moutons qui broutent sur ces rochers. On saute, on coule, on se glisse, les mains et les pieds presque toujours appuyés à ces énormes pierres, quand on les peut saisir ou s'y tenir ; on rencontre des surfaces toutes rondes qui n'offrent pas de prise, des coins d'herbe ou de terre sur lesquels le pied ne peut se poser qu'avec hésitation, des roches qui surplombent et sous lesquelles on ne se hasarde à passer qu'en regardant si elles ne vont pas se détacher et tomber ; par endroits un couloir abrité dans lequel il faut se comprimer le ventre et abattre la crinoline (si jamais crinoline...!) Pour revenir, le meilleur chemin est pire que le précédent. On en sort pourtant, on en revient avec le pied plus sûr, le pied marin. — Il y a quelques mois, entre l'île de Sein et le Cap, un bateau pêcheur se perdit ; deux hommes parvinrent à se réfugier sur un îlot voisin. Une barque partit du phare et saisit le moment favorable pour recueillir à son bord les deux marins. Cinq minutes plus tard, la vague recouvrait le rocher. — Voilà les commentaires qu'on entend derrière soi, tandis qu'on hésite à sauter ou qu'on saisit une touffe d'herbe qui va vous manquer dans la main. Mais quoi ! le danger attire et le vertige qu'il donne est un de ses plaisirs.

En retournant à Audierne, notre pauvre rossinante nous laissa presque en chemin. Enfin, à grand renfort de patience, de pauses et de coups de fouet, nous redescendîmes la côte.

C'était l'heure du dîner. La table était nombreuse et bien servie. M. Batifoulier présidait en personne. Il avait, pour la circonstance, jeté son chapeau de feutre sur une chaise et endossé par-dessus sa chemise un gilet de coton à manches bleues.

Il s'assit; abonnés et voyageurs arrivèrent, et bientôt fut placée devant lui une large soupière où le pain avait englouti le bouillon. — M. Batifoulier, une assiette dans une main et la cuiller à potage dans l'autre, s'adressant à une dame placée en face de lui : « Madame ! » La dame est distraite. Moment

de silence. D'une voix plus douce et qui s'enhardit :
« Madame, vous offrirai-je un peu de potage ? »
Signe d'assentiment. A une demoiselle tout auprès
de la dame : « Mademoiselle, un peu de potage ! »
Mademoiselle se pinçant les lèvres : « Oui, monsieur. » M. Batifoulier se tourne vers moi : « Un
peu de potage, monsieur ! » Même question dans
les mêmes termes aux vingt convives, qui répondent tous avec la dignité assortie à la circonstance.
Très-bon dîner, épaule de mouton du premier pré-
salé du monde, de la Pointe-du-Raz sans doute,
râble de lièvre, perdreaux, plats de douceur... —
« Ah ! monsieur Batifoulier, vous nous gâtez ! » —
M. Batifoulier me sourit du coin des lèvres et m'envoie un tendre regard par l'œil droit. Mais il ne
dit mot.

V

LES ÉLECTRO-SÉMAPHORES DANS LE FINISTÈRE

A M. LÉONCE BODIN, capitaine de frégate.

~~~~

Ces caps, ces roches sous-marines, ces îlots à
fleur d'eau, si dangereux pour la navigation, en
sont devenus, sur la plupart des points, grâce au
génie de l'homme, les plus utiles auxiliaires. On a
scellé dans les roches la chaîne des bouées flottantes
ou les perches de fer indicatrices : l'écueil exhaussé
s'est trouvé désigné aux yeux; le cap, l'îlot perdu
en plein Océan portent les vigies et les phares. Vu
le nombre et la bonne organisation de ces signaux,
un officier supérieur de la marine m'assurait que,
en prenant avec soin ses relèvements, il aimerait
mieux entrer à Brest de nuit que de jour.

Sur les pointes les plus avancées, ou bien celles d'où la vue peut s'étendre le plus loin au large, on voit encore deux mâts, l'un en bois, l'autre en fonte : ce sont les *électro-sémaphores*, ainsi nommés, parce que le poste est pourvu d'un appareil de télégraphie électrique. On a établi cent trente-quatre sémaphores sur le littoral de l'empire : le Finistère en compte vingt-trois à lui seul, tant à cause de l'étendue de ses côtes que des dangers qu'elles présentent.

Le premier mât est celui dont l'usage est le plus fréquent, le plus commode et presque continu. Muni d'une vergue et d'une *corne*, comme un mât d'artimon de navire, il est isolé et maintenu par des câbles et des chaînes ; au bout de la vergue se balancent de vastes cylindres en toile blanche, noire, etc., qui, suivant leur couleur, donnent le temps probable, d'après les dépêches de l'Observatoire de Paris. A l'extrémité du mât, on hisse des pavillons. La couleur, la coupe, la tenue, l'échancrure, l'ordre des couleurs varient les signaux à l'infini.

Le second mât, qu'on appelle spécialement *mât sémaphorique*, est généralement attenant à l'habitation des guetteurs et émerge du toit. Dans sa par-

tie extérieure, c'est une haute et épaisse tige, noire
et blanche, à laquelle sont adaptés trois ailes blanches et un disque qui peuvent prendre les diverses
dispositions qu'on veut leur donner. Le tout offre
quelque analogie avec les télégraphes de l'ancien
système. Le long de la partie intérieure du mât,
celle qu'abrite le toit, quatre disques mobiles posés
les uns au-dessus des autres portent le premier les
unités, le second les dizaines, le troisième les mille,
et le quatrième les dizaines de mille. Ces numéros
correspondent aux codes dont nous allons parler.
Lorsque le guetteur a, par un mécanisme spécial,
disposé les numéros qui forment et le mot et la
phrase, il met en mouvement un charriot circulaire
qui dresse les ailes et le disque dans les positions
voulues. Ce système de signaux est réservé pour les
temps brumeux, dans lesquels on ne pourrait distin-
guer la forme ou la couleur des pavillons.

Cette institution, de création toute récente (car
elle ne fonctionne que depuis le 5 février 1866), n'a
pas eu pour effet de créer une langue maritime.
Cette langue existait de toute antiquité, mais va-
riant avec la nationalité et la provenance des navires. L'administration a voulu non-seulement pré-

ciser et enrichir cette langue, mais la généraliser
et la rendre une et internationale. Elle a marché
de concert pour l'exécution de ce noble projet avec
l'amirauté anglaise et le *Board of Trade*, et d'une
collaboration de dix-huit mois il est sorti un code
ou dictionnaire de signaux, à l'aide duquel on
obtient 78,642 combinaisons. C'est de quoi suffire
à toutes les nécessités de la navigation et du commerce, et même à quelque chose de plus. Avec un si
nombreux vocabulaire, on doit pouvoir causer à
distance pour le seul plaisir de causer. Ce code a
trois parties, ou, si l'on aime mieux, il y a trois
codes ; l'un en français et en anglais, consacré spécialement au commerce ; l'autre à la marine impé-
riale ; le troisième est un recueil de signaux secrets,
particulier à la France et réservé pour les temps
de guerre.

Les navires peuvent donc communiquer plus facilement et plus complétement désormais, soit entre
eux, soit avec la côte ; entre eux, ils ne font usage
que du mât à pavillon, de même avec la côte ; mais
de la terre, les signaux leur arrivent par les deux
voies que nous avons indiquées. Du reste, la langue
même qui a été organisée par ces trois codes est sus-
ceptible de simplifications, et le navire le plus mal

outillé sous le rapport sémaphorique peut encore se faire entendre. Le jour, un mouchoir, un chapeau de marin, un morceau de bois tenu horizontalement ; même sans chapeau, bâton ni mouchoir, une série de gestes indiqués par le formulaire ; la nuit, des lanternes de toutes couleurs, des lueurs qui s'éclip·sent et reparaissent ; pendant les brumes, les coups de canon, de fusil ou de sifflet, les sons de cloche, de cornet ou de trompe : tels sont les moyens très-divers qui peuvent exprimer et rendre sensibles les combinaisons du code [1]. On n'a pas voulu détruire les usages, mais plutôt les confirmer et les généraliser, et pour que la théorie fût intelligemment appliquée, on en a confié la pratique à d'anciens marins qui doivent être au courant des signaux ordinaires et qui, en cas de nécessité, sauraient suppléer aux lacunes des codes et se prêter de bonne grâce à l'indigence d'outillage ou d'instruction des navires.

Dans chaque poste, il y a deux hommes et, pour les appeler par leur nom administratif, deux *guetteurs*, anciens quartier-maîtres d'ordinaire, quelque-

---

1. J'emprunte ces derniers détails à un article publié par M. Ch. Sallandrouze de la Mornaix, lieutenant de vaisseau, dans le *Moniteur* du 26 mars 1866.

fois pourtant jeunes gens n'ayant point passé par la marine. Il faut des hommes encore jeunes, forts et agiles, capables de grimper à l'échelle de cordes qui pend le long du mât, de réparer ses avaries, de porter des secours en cas de nécessité. La besogne est constante, de nuit comme de jour. Le devoir est de guetter; le service par conséquent ne peut être interrompu. Il a donc été partagé entre deux personnes, recevant un traitement égal, bien qu'il y ait un chef guetteur et un subordonné. S'il pèse plus de responsabilité sur l'un que sur l'autre, c'est afin qu'il y ait une autorité qui décide et une volonté qui règne. Le traitement est de huit cents francs par an ; mais, en sus de leurs appointements fixes, les guetteurs prélèvent trente centimes sur chaque dépêche télégraphique privée qu'ils expédient de leur poste. Dans quelques-uns, comme celui du Conquet, qui est voisin d'un établissement de bains assez fréquenté, les employés se sont, cette année, procuré par ce moyen une augmentation de quarante francs par mois, dans la saison d'été. Tous les postes n'ont pas ces bonnes aubaines ; j'ai expédié le 26 septembre, de la Pointe-du-Raz, une dépêche qui n'était que la vingt-troisième de l'année, soit 6 fr. 90 c. de prime à partager entre les deux guetteurs.

Ils sont généralement mariés ; les deux logements, réunis sous le même toit, ont chacun leur porte et sont disposés de manière à laisser à chaque ménage l'indépendance du chez-soi. L'habitation des guetteurs mariés se distingue des autres par la propreté, la bonne tenue et même la coquetterie relative qui y règnent. Sur les pointes désertes où ils sont relégués, loin des centres de population quelquefois, comme à Ouessant ou à l'île Penfret, séparés pendant des mois entiers de la terre ferme par les gros temps, on conçoit de quelle utilité est pour eux la vie de famille et la petite société que composent les deux ménages. Elle s'augmente par endroits de celle des gardiens des phares placés dans les mêmes parages.

En outre de leur habitation, dont le vrai et unique défaut est de présenter par les fenêtres et les portes un trop large accès et une trop fragile résistance aux vents furieux qui soufflent de l'ouest, l'administration de la marine leur a acheté et concédé quelques ares de terre, qu'ils sont libres d'ailleurs de cultiver ou de laisser en friche. Presque tous cultivent, malgré l'aridité du sol. La première opération consiste à abriter le terrain contre le vent de mer par des murs de trois ou quatre pieds de haut construits en pierres sèches ; la mer fournit le goëmon pour engraisser les terres sablonneuses ou abreuvées de sel. Il n'y croît jamais que des légumes peu délicats ; çà et là quelques fleurs, des mauves à larges feuilles. Si modeste qu'elle soit, c'est toujours une ressource pour la ménagère trop éloignée des marchés, ou qui même dans les fermes voisines, ne trouve pas facilement de quoi s'approvisionner à bon compte. C'est de plus pour le guetteur un refuge contre l'ennui et une occupation pour ses loisirs.

Tous les trois mois, un capitaine de frégate, attaché au port de Brest, inspecte les postes du Finistère. Son bureau centralise les rapports des départements qui dépendent de la préfecture maritime, et les fait parvenir, résumés et annotés, au vice-amiral préfet maritime, qui les transmet au ministère, à Paris. L'inspecteur du Finistère a vingt-trois postes à visiter, les plus importants des côtes de Bretagne : quinze dans le nord et l'ouest, entre Morlaix et Douarnenez, et dont les principaux sont Roscoff, la pointe de Lannilis, l'île d'Ouessant, le Conquet, le cap de la Chèvre et Rosmeur ; huit dans le midi : la Pointe du Raz, Audierne, Pen-

marc'h, Combrit, à l'embouchure de l'Odet, Les-
conil, et, dans les environs de Concarneau, Bec'h-
Meil. la Pointe de Trévignon et l'île Penfret. Dans
mes excursions un peu vagabondes, j'ai pu visiter
ces huit dernières stations, mais elles sont loin
d'avoir toutes le même intérêt.

J'ai déjà parlé de la Pointe du Raz et d'Audierne.
Combrit n'a de mérite que la route qui y conduit,
bordée de forêts de pins (*pinus maritima*), et qui
traverse les bois et le parc de M. de Kersaint, en
face du charmant village de Benn'Odet. Les postes
de Bec'h-Meil et de Trévignon fournissent l'occasion
d'une promenade en mer, que peut suivre une promenade à pied à travers des souvenirs druidiques.
Près de *Bec'h-Meil* (pointe du Moulin), on voit un
menhir assez élevé; mais en revenant de Trévignon
à Concarneau, par la route de Pont-Aven, on rencontre des blocs druidiques plus considérables et
plus curieux. Ainsi à Trégunc, dans une grande
plaine couverte de fougères ou d'ajoncs, un menhir
de dix mètres de hauteur et surmonté d'une croix,
une pierre branlante et un champ tout hérissé de
roches, lesquelles, avec un peu de foi, on peut
prendre pour des dolmens. C'est même à cette
mine de roches à fleur de terre qu'ont été emprun-

tés la plupart des matériaux employés pour la construction toute récente de l'église de Trégunc, sous la direction et sur les plans de M. Bigot, architecte diocésain de Quimper. Plus loin, à droite et à gauche de la route, un nouveau dolmen, masse colossale qu'agite un enfant, un très-beau cromlec'h d'où s'échappent le houx et le chêne comme une parure naturelle, d'autres dolmens posés sur des pierres d'énorme carrure et dont les parois intérieures forment voûte. La plaine, entre Pont-l'Abbé et Penmarc'h, présente aussi des menhirs qui se dressent en lame de couteau. Mais passons, je ne veux arrêter votre attention que sur Penmarc'h et l'île Penfret.

Penmarc'h (tête ou pointe de cheval) a une forme toute différente de la pointe du Raz. Au lieu de falaises escarpées et tombant à pic, c'est une grande plaine qui vient expirer dans la mer au milieu des flots et des roches. C'était naguère une pointe, un cap sans doute; mais l'Océan l'a minée, ébranlée, détachant motte par motte et rocher par rocher, de même que le temps balayait l'immense ville qui se déployait sur ses côtes et dont quatre ou cinq églises encore subsistantes dans cette solitude laissent deviner l'importance et l'étendue. Le commerce et les pêcheries de morues de Penmarc'h furent ruinés par la découverte de Terre-Neuve ; la ville elle-même fut saccagée, incendiée, démolie, à la fin des guerres de la Ligue.

Elle ne s'est pas relevée depuis. Les maisons qui restent, bâties en larges blocs de granit, trahissent l'antiquité de leur origine ; la conformation des berges et quelques traces répandues çà et là indiquent un port et une jetée ; mais c'est tout. Le travail de destruction se poursuit encore, tantôt progressivement, tantôt par des coups soudains. Dans les grandes marées, les roches et la terre roulent vers la mer, emportées par le flot. Le 4 décembre dernier, l'Océan s'est élancé à un kilomètre dans les terres et le *revolin* des vagues couvrait les maisons du village. Dans les tempêtes, le phare, quoique établi sur d'énormes assises de granit, oscille de la base au faîte, et les flots bondissent jusqu'aux fenêtres du poste. Il n'est pas douteux que cette dernière construction, établie par une singulière et inexplicable imprudence sur la limite même du flot, sera, à la première tempête peut-être, arrachée du sol et roulera au milieu des roches.

Cette grande vallée est triste. L'aspect actuel
répond aux souvenirs qu'il évoque. Il semble qu'on
foule aux pieds des ruines invisibles. Les tas de
goëmon, qui ne sentent bon nulle part, répandent
ici des exhalaisons infectes. On s'arrête à peine sur
cette pointe, et l'on s'en éloigne en hâte avec d'hor-
ribles nausées.

L'île Penfret, qui fait partie d'un petit archi-
pel de rochers désignés plutôt que connus sous le
nom d'îles de Glenan, est située en vue de Concarneau, à environ cinq lieues en mer. Partis à cinq
heures du matin de Concarneau, avec vent arrière,
le bateau pêcheur nous débarquait à sept heures
dans une petite anse. La brume s'était dissipée ; le
soleil éclairait un îlot d'une demi-lieue de tour au
plus, élevé sur des roches assez hautes à ses extrémités, déprimé au milieu, et qui, dans sa forme
longue et ovale et ses baies rentrantes sur chacun
de ses flancs, offre assez bien l'image d'une courge.
Le phare regarde Concarneau. Dans un coin de
l'enclos, à demi abritée, s'élève une mauve, plus
loin un figuier chétif : ce sont les deux seuls arbres
de l'île. Le sol est recouvert d'un gazon ras et glis-
sant comme des mousses. A droite, on aperçoit

quelques maisons : c'est la ferme avec des toits en chaume. Le gazon n'apparaît plus qu'en touffes rares au milieu d'une vallée de sables. C'est là qu'aboutit le fil télégraphique, et qu'il se convertit en câble sous-marin pour sortir de terre après deux ou trois lieues de traversée, à la pointe de Trévignon, près du poste. Le sol remonte, s'affermit, la verdure reparaît ; on rencontre même quelques fleurs, de petites pâquerettes toutes jaunes, des plantes d'un gris pâle portant une large corolle jaune, des chardons dont la fleur d'un bleu doux et presque effacé se cache sous une admirable parure de feuilles. Deux ou trois vaches paissent le goëmon entre les rochers ; j'avoue que je n'en croyais pas mes yeux, mais elles n'en produisent pas moins un lait excellent. Nous voici à l'autre extrémité de l'île sur laquelle s'élèvent les mâts sémaphoriques.

L'île compte vingt ou vingt-cinq habitants au plus, parmi lesquels il faut comprendre douze ou quinze enfants en bas âge. Elle communique avec Concarneau par un service régulier, trois fois par mois, les 10, 20 et 30 du mois, lorsque le temps le permet. L'un des gardiens du phare, fils d'un père gardien de phare aussi, habite l'île Penfret depuis vingt-huit ans. Sa femme, qui est restée vingt-cinq ans avec lui, qui lui a donné quatorze enfants dont il reste dix, est morte il y a trois mois du choléra à Concarneau, où elle était allée faire ses couches. Il vit de ses appointements, qui sont fort modestes, et de sa pêche, qui est tantôt bonne, tantôt mauvaise. Tout en causant avec nous, et les larmes aux yeux, le pauvre homme, il nous montrait avec un peu d'orgueil une quantité de *vielles* qui séchaient dans son grenier et qu'il réservait pour l'hiver, quand la pêche ne serait pas possible. Presque tout le monde parle français dans l'île; le bas-breton y est très-peu en usage.

Penfret est, je crois, la plus grande des îles de Glenan et la seule habitée. Une autre de ces îles est armée d'un fort; une autre, de 200 mètres de circonférence, sert de vasque à un petit étang d'eau douce, fréquenté par les canards sauvages; presque toutes, si arides, si rocheuses, si étroites qu'elles soient, nourrissent des moutons qu'on y débarque, qui y croissent et s'y abritent comme ils peuvent, et qui n'en donnent pas moins une viande de choix. Ces amas de rochers qu'a soulevés à la surface quelque mouvement volcanique, et autour desquels règne comme un plateau de granit qu'on distingue à quatre ou cinq mètres de profondeur, au travers d'une eau aussi verte et plus limpide que l'émeraude, ont été naguère achetés six cents francs. Il y a quelques années, M. Balestrier, de Concarneau, les a payés trente-six mille francs. L'industrie songe même, dit-on, à s'emparer de l'une de ces îles pour y construire une *frégasse;* c'est le nom, à Concarneau, des établissements où l'on manipule la sardine. Voilà comment les rochers de Glenan entreront peu à peu dans la civilisation, et, de blocs isolés et presque sans nom au milieu des flots, deviendront peut-être de petits centres industriels. On arrivera ainsi à les connaître, à les citer, tandis que pour la plupart de vos lecteurs leur nom est sans doute aussi nouveau qu'il l'était pour moi-même, avant que l'occasion me les eût fait visiter.

Vous connaissez à peu près maintenant l'organisation du matériel et du personnel dans les électro-sémaphores. Nous avons visité quelques-unes des principales stations du Finistère, les plus dangereuses ou les plus isolées. Que de services ne rendent-elles pas ! Qu'un navire s'échoue ou qu'il soit en voie de perdition, il fait le signal : le poste le reçoit, le transmet au port le plus voisin ; le vaisseau stationnaire, si c'est un port militaire, le premier navire disponible, si c'est un port de commerce, chauffe, arrive et apporte du secours. — Un navire ignore sa route ou l'a perdue, le sémaphore la lui indique ou lui fait expédier un pilote. — Un capitaine au long cours a quitté le port; il a des communications importantes à transmettre à l'armateur ou à recevoir de lui; ou bien il rentre, il est en vue, mais il n'abordera que dans un jour, deux jours ; peut-être les vents le retiendront-ils au large. Il aperçoit, comme une sentinelle perdue, le mât sémaphorique juché sur une pointe de cap, et, par cet intermédiaire, il signale à l'armateur ou à la chambre de commerce la nature, la valeur, les qualités de son chargement, qui, à l'arrivée, sera peut-être déjà vendu.

Pour ces services quotidiens, où l'humanité n'est pas moins intéressée que le commerce, il y a quelques hommes qui, en échange d'un modique salaire, se condamnent à l'isolement sur quelque plage déserte et stérile. Ils sont, eux, loin du monde, de leurs relations, de leurs familles ; leurs enfants restent loin de l'école, loin de l'église. Ils n'ont d'autres distractions que la culture d'un champ ingrat, tandis que la mer et les vents accompagnent d'un mu-

gissement continu tous les instants de leur vie.
Voilà les anachorètes des jours nouveaux ! Du moins
y a-t-il lieu de penser que, sur cette terre catholi-
que de Bretagne, ces hommes séparés du monde ne
sont pas délaissés par leurs pasteurs ou ne les dé-
laissent pas d'eux-mêmes, qu'ils n'ont pas rompu
la communion de la prière et que Dieu reste aussi
vivant dans leurs âmes par les grandioses spectacles qu'il leur présente que par les enseignements
de la foi.

VI

ÉGLISES, CALVAIRES, CIMETIÈRES

Ancienne ou moderne, grande ou petite, toute église bretonne a son clocher à jour qui la signale au loin. On approche et l'on croit trouver une ville ou un bourg : l'église n'abrite que quelques maisons. On est tenté de se demander pour qui cet édifice, lorsqu'une chapelle semblerait ailleurs ou suffisante ou superflue. D'où viennent les fidèles pour le remplir? D'une lieue, de deux lieues à la ronde. Les habitations dans les campagnes sont très-disséminées; au lieu de chercher la ville, le Breton la dédaigne et s'en éloigne; au lieu de tendre à *l'agglomération*, il l'évite. Une ferme ou deux, entourées de tas de fumier et baignant dans le purin, forment un village et en prennent le nom; elles se tapissent sous les arbres, elles s'enclosent

4

par des fossés ; on passe à côté sans les voir ou on les rencontre avant de les avoir aperçues. Ce qui n'empêche que, les jours de foire ou de marché, ou simplement le dimanche, les routes, les chemins, les sentes ne se couvrent de monde. Les uns s'en vont par les chemins creux, encaissés dans des talus que revêtent le chêne, la lande, la fougère ; d'autres montent les eschaliers, enjambent les barrières, sautent de pierre en pierre à travers les flaques d'eau, et, après ces exercices gymnastiques indispensables pour quiconque pratique la voirie bretonne, voilà une petite foule amassée sur le parvis, sous les châtaigners, sur les marches du calvaire. Si l'église est trop éloignée, ou si tous les membres de la famille ne peuvent s'y rendre, il y a bien dans le voisinage quelque maison à pignon, surmontée d'une croix et d'un clocheton, avec des moulures dessinant la porte et la date de l'érection. C'est une chapelle que dessert l'un des vicaires du bourg ou un prêtre des environs. L'intérieur n'est guère orné, le sol est en terre battue, un petit navire est suspendu à la voûte, et les saints du lieu, *dii indigetes*, occupent la droite et la gauche de l'autel.

Presque toutes les églises semblent avoir été bâties

sur le même modèle, au moins quant au dessin général et aux parties principales.

J'ai parlé du clocher. Il s'élève au-dessus du portail ; en dépassant le toit, il s'entoure d'une première balustrade, puis d'une seconde plus petite, double corbeille d'où il s'élance dans les airs. Le clocher à jour est l'honneur de l'église et l'orgueil des habitants. A Quimper, c'est aux frais des fidèles, grâce à une souscription toute démocratique, que les deux flèches de la cathédrale ont été construites ; Mgr Graveran, évêque du diocèse, avait ouvert une souscription d'un sou par tête et par an pendant cinq ans. A Lambour, près de Pont-l'Abbé, c'est au clocher que s'attaqua la colère de Louis XIV, qui voulait punir les paysans de s'être révoltés contre l'impôt du papier timbré ; il le fit démolir. On ne comprend guère cette vengeance, mais on peut l'expliquer par le rôle et l'importance que joue le clocher dans l'imagination et dans les mœurs bretonnes. Comme la tour du beffroi dans les vieilles cités flamandes, l'abattre c'est frapper les habitants dans leur indépendance et leurs priviléges.

La porte principale de l'église n'est pas sous le

clocher : celle-ci est longue, étroite, épaisse, afin de soutenir ce grand poids. Mais sur le côté droit de l'édifice s'ouvre un large porche carré qui, par la saillie qu'il présente, par sa valeur artistique et par ses doubles portes, constitue la véritable entrée. A droite et à gauche, des colonnes engagées, cannelées en torsades, au-dessus desquelles s'élève un fronton ou une courbe ogivale, ou un cintre surbaissé ; dans l'intérieur, de chaque côté, une rangée de niches à colonnes contiennent les statues des douze apôtres, quand la Révolution ne les a pas ôtées. Au centre, entre les deux portes, un faisceau de colonnettes ; au-dessous, le bénitier armorié ; au-dessus, une niche destinée à quelque statue du Christ, de la sainte Vierge, de saint Pierre ou du Père éternel. Ce porche s'appelle généralement *le Porche des Apôtres* ; il n'a pas de pendant sur le côté gauche de l'église. Celui de Saint-Houardon, à Landerneau, a été transporté de l'ancienne église à la nouvelle, construite en 1860. Il datait de 1607. J'ai remarqué aussi celui de Saint-Gouéznou, à deux kilomètres de Brest, et celui de La Roche-Morice, au-dessus de Landerneau. Le porche de Daoulas est plus ancien que tous les autres. C'était généralement pour cette partie de l'église extérieure que

l'architecte réservait ses efforts et même ses fan-
taisies d'imagination ; c'est comme un édicule greffé
sur l'édifice ; l'œil l'en distingue et l'on n'est pas
choqué qu'il soit parfois d'un style différent.

Avant d'entrer dans l'église, parcourons le cimetière qui en fait le tour.

L'aspect n'a rien de triste. Quatre lignes d'ormes
suivent les murs ; des peupliers, des ifs, des plata-
nes partagent et groupent les tombes en carrés.
A Plougastel, chaque tombe est ornée de rosiers du
Bengale qui toute l'année se couronnent de fleurs.
On a creusé un trou dans la pierre pour recevoir
l'eau bénite, ou bien un petit vase, un tesson, un
cul de bouteille en tiennent lieu. Au-devant et sur
les côtés de l'église, au plus près des murs, sont les
tombes des curés ou des prêtres de la paroisse : à
Saint-Goueznou, les fidèles ont fait élever à M. Cloa-
rec, leur recteur, une statue qui le représente à
genoux ; tout auprès, le dernier curé, mort à qua-
rante-six ans, est représenté avec ses ornements
sacerdotaux dans une sculpture en demi-relief. A
l'entrée ou dans un coin de chaque cimetière, s'é-
lève un petit bâtiment pointu et bas : c'est l'ossuaire,
le charnier ou le reliquaire, comme on voudra l'ap-

4.

peler, c'est-à-dire l'endroit où l'on recueille les os exhumés. On en voit à Daoulas, à Saint-Goueznou, à Quimper; le plus élégant que j'ai rencontré est celui de La Roche-Morice. Il date du dix-septième siècle; dans dix compartiments, formés chacun par deux colonnes corinthiennes, l'artiste a retracé les personnages des danses macabres; au milieu est la Mort qui tient un dard. On lit au-dessous : *Je vous tue tous.*

Les calvaires sont aussi l'ornement ou l'accessoire ordinaire du cimetière breton.

C'est une grande croix en granit, élevée sur des degrés ; elle a généralement une face et un revers. Sur la face, au point d'intersection, un petit Christ en croix, sculpté avec la roideur et la grossièreté byzantines; à l'extrémité d'un des bras de la croix, la sainte Vierge, à l'autre saint Jean. Sur le revers, au point d'intersection, une Vierge portant le corps du Christ sur ses genoux, ce qu'on appelle une *Pietà* ; à droite et à gauche des saints ou des apôtres. Malgré leur rudesse, ces sculptures font un heureux effet. Au-devant d'une charmante chapelle dite de Saint-Jean, qui s'élève dans un massif de hêtres, sur la rive gauche de l'El-Orn, en face de

Poul-Ar-Vilin, à chaque bras du Calvaire, des anges
portent les instruments de la Passion.

J'ai signalé en passant le Calvaire de Confort,
près de Pont-Croix, mais le plus curieux, le plus
complet et le plus original de tous ceux qu'on peut
voir en Bretagne, est celui de Plougastel-Daoulas.
Trois croix, celle du Christ et celles des deux lar-
rons, se dressent au-dessus d'un arc-de-triomphe
polygonal soutenu par des arcades et des pilas-
tres. La frise qui en fait le tour est ornée de bas-
reliefs dont la série raconte la vie et la passion de
Notre-Seigneur. J'en dois parler brièvement ; la
seule remarque que je me permettrai, c'est que
toutes ces figures, qui ne manquent ni de caractère
ni d'originalité, toutes ces scènes religieuses dont
les costumes et les mœurs semblent empruntés à la
Bretagne, ne témoignent en aucune façon de l'époque
où elles ont été faites. La date est gravée ; nous
lisons 1602. Comment, après les grandes œuvres du
quinzième et du seizième siècle, ce sculpteur du
dix-septième siècle ne se montre-t-il qu'un élève
attardé du douzième ou du treizième ? Cette remarque, nous pourrions la renouveler à propos de
plusieurs églises bretonnes ; elles ont un air et un
style plus anciens que leur date ; leurs architectes

et leurs artistes n'ont pas changé d'atmosphère, et le souffle du temps ne les a pas touchés.

De l'extérieur de l'église passons au dedans.

Il en est plusieurs qui sont partagées en deux nefs d'égale largeur par trois ou quatre arcades ogivales ou à plein cintre, s'élevant au-dessus du sol à dix pieds environ. Cette ligne d'arcades s'arrête au chœur, qui a deux autels, un pour chaque nef. Cette disposition doit, m'a-t-on dit, être attribuée aux Templiers, qui ont eu d'importantes maisons et qui ont construit beaucoup d'églises en Bretagne. On rencontre plus souvent le plan ordinaire des églises gothiques, c'est-à-dire une nef principale avec deux bas-côtés. Mais l'abside, au lieu d'être presque circulaire, se termine généralement par un mur droit auquel s'adossent trois autels correspondant aux trois nefs. Les voûtes sont en bois, rejointes par des traverses qui s'emboîtent dans des gueules de poissons. On rencontre parfois des frises en bois sculpté comme à Saint-Goueznou et à la Roche-Morice, qui retracent, en une longue série de scènes, les travaux de la campagne, les mœurs, les costumes du pays, le labour ou la pêche, les enterrements et les mariages.

Dans les bas-côtés, autour du chœur, sont creusés des enfeux, vides pour la plupart, mais qui portaient naguère ou une inscription funéraire sur la tablette, ou la statue du défunt. Près des portes, de larges et hauts bénitiers, en granit, armoriés et armés de bas-reliefs sur leurs flancs, témoignent d'une assez haute antiquité. Malgré les ravages de la fin du siècle dernier, les vitraux ne sont pas trop rares; j'en ai vu de beaux à l'église Saint-Nonna, de Penmarc'h, et ailleurs. Les trois larges baies ogivales et vitrées qui surmontent les trois autels de l'abside offraient aux peintres verriers une place favorable, sous le rapport du jour et de l'étendue, au développement des sujets religieux. Autour des autels, dans l'encadrement des portes ou des fenêtres, s'enroulent des pampres sculptés en relief, non pas, comme l'écrit un archéologue fort estimable d'ailleurs, que les ouvriers d'alors aient voulu célébrer la vigne, par reconnaissance pour le vin qu'on leur prodiguait; il est assez fréquemment question de la vigne dans l'Ancien et dans le Nouveau Testament pour qu'on puisse la considérer comme un arbre mystique dont la représentation appartenait naturellement à la sculpture religieuse. Dans les bourgs voisins de la mer, au lieu de pampres on voit des poissons et souvent l'un et l'autre.

Ces édifices qui, sans être uniformes, ont presque tous entre eux d'étroites analogies, témoignent d'une tradition indigène ; tout en se modifiant suivant les temps et les lieux, elle ne s'est pas perdue, et jusque dans les édifices les plus récents on en retrouve les traces. J'ai vu plus d'une église datant seulement de cinq ou six ans ; elles sont dignes de leurs aînées par l'harmonie et le bon goût de leurs proportions. Citons les églises de Saint-Marc, près de Brest ; celle du Conquet, dont le clocher a été transporté de Lochrist ; celles de Landerneau et de Trégunc dont j'ai déjà parlé. Combien l'église Sainte-Clotilde, de Paris, ressemble peu, au moins par l'extérieur, à ses sœurs de Bretagne ! Celles-ci sont comme la fleur des champs qui se reproduit sans cesse avec une fraîcheur toujours nouvelle ; l'autre, née en serre, s'étiole et pâlit.

Elles sont toutes précieuses à quelque titre, vieilles ou neuves, ces églises de villages ; il est difficile d'en dire autant des églises des grandes villes. L'architecture civilisée a passé par là, et fournit au curieux tous les échantillons de laideur et de lourdeur qu'il peut désirer. Les églises de Brest bâties sous Louis XIV et Louis XV répondent assez bien à ce portrait, mais sans être le type du genre. Vannes prend le pas sur Brest dans l'église de Saint-Patern, bâtisse du dix-huitième siècle ; masse de pierres et de briques sans ornements, parée d'un péristyle écrasé sous une tour, laquelle porte une lanterne aussi épaisse que l'église, et l'intérieur est digne du reste ! Quoi ! me disais-je, c'est là une œuvre du dix-huitième siècle, siècle d'élégance, de légèreté, d'art coquet ! Quoi ! c'est là l'église qui porte le nom du premier évêque de Vannes ! Et à deux pas de ce grossier édifice s'élèvent les somptueux bâtiments, à peine terminés d'hier, de la préfecture du Morbihan, dont les devis et les dépenses ont eu un jour de célébrité devant le Corps législatif ! Mais dans ce catalogue de monstres, la cathédrale de Rennes mérite bien une mention. L'architecte, qui devait être un éclectique, a imaginé d'accoler à une basilique dont l'intérieur rappelle Saint-Vincent-de-Paul et St-Roch, un portail *orné* de deux tours avec quatre étages de lourdes colonnes, lesquelles voudraient figurer des tours gothiques rajeunies et régénérées par le style grec.—Permettez-moi, dans une prochaine lettre, de vous ramener au village !

VII

NOTRE-DAME DU FOLL-GOAT

Le Foll-Goat n'est qu'un hameau, mais ce hameau possède l'une des plus belles églises du Finistère, et l'église a précédé le hameau, lui a donné son nom et en fait la célébrité. L'église est l'un des plus anciens et des plus grands pèlerinages, et le hameau le premier marché aux chevaux de la Bretagne. C'est de l'église seulement que je veux parler. Elle a été fondée et nommée par l'acclamation populaire : les gens de toute condition, princes, nobles et vilains, ont contribué pour la construire, et ce sont de simples particuliers qui se sont cotisés pour la racheter et la rendre au culte.

Il y a cinquante-six ans, le 25 août 1810, douze habitants de Guicquelleau, Lesneven et autres lieux,

5

étaient rassemblés dans le cabinet de M° Feillet, notaire à Lesneven. Il s'agissait de l'église du Foll-Goat, qui, comprise en 1792 dans la vente des biens nationaux, rouverte en 1802, était restée cependant la propriété privée d'un sieur Nicolas-François Anquetil. Il consentait à la revendre moyennant dix mille francs, avec les intérêts à 5 p. 100, payables en un an, à la Saint-Michel, « se réservant le droit pour lui et les siens d'avoir « gratis un banc ou six chaises, à son option, dans « ladite église et à son haut bout, dans le cas que « cette église soit conservée au service du culte. » Telle était, en effet, l'intention des douze personnes qui s'étaient généreusement taxées pour faire cette pieuse acquisition. « En l'endroit, continue « l'acte, les acquéreurs ont déclaré ici faire dona- « tion à la commune de Guicquelleau de ladite « église du Foll-Goat et de ses dépendances, laquelle « donation a été présentement acceptée, sauf l'ap- « probation du gouvernement, par M. Charles « Testard, en sa qualité de maire de ladite com- « mune. » Ainsi se termina pour Notre-Dame du Foll-Goat la période révolutionnaire. Elle avait été fermée le 16 novembre 1790 ; le 14 juillet 1791, toute l'argenterie était envoyée à la Monnaie de

Nantes ; la même année, on vendait l'hôtel des
Pèlerins, l'hôtel de la Reine-Anne, l'Ecu-de-France
et tout l'enclos de l'ancienne collégiale ; en 1792,
on vendait l'église, après avoir martelé les écussons et brisé les statues. Bien que dépouillée, en
1810 elle était rendue à elle-même ; les fidèles qui
y affluaient ne prieraient plus dans un temple d'emprunt, et les vieilles traditions de pèlerinage et de
dévotion allaient se renouer à son ombre. Ce fut
l'œuvre des douze particuliers de Guicquelleau
dont l'acte d'acquisition a conservé les noms.

Foll-ar-Goat, ou par abréviation *Foll-Goat*, si-
gnifie : le *Fou du Bois*. Qui était donc ce person-
nage dont l'église porte le nom ou plutôt le sobriquet ? Un témoin oculaire et contemporain, Jan de
Langoeznou, abbé de Landévennec, va nous le
dire :

C'était vers 1350. « Or, il advint, dit-il, que tel
« enfant Salaün fut envoyé aux escholes en l'âge
« puérile, et n'y sçut apprendre autre chose que
« ces paroles en latin : *Ave, Maria,* c'est-à-dire, Je
« te salue, ô Marie; lesquelles il redisoit fort sou-
« vent, jusques à trois, quatre et cinq et six fois or-
« dinairement. Il fut ainsi renommé par toute la

« contrée de Lesneven et aux environs. En cher-
« chant l'aumosne, il disoit toujours par les portes
« ces mots : *Ave, Maria*, Je te salue, ô Marie ; et si
« l'entremesloit encores du baragouin du pays,
« parlant de telle sorte : *Salaün a deppré bara,*
« c'est-à-dire en latin : *Salaun comederet panem,*
« et en français : Salaun mangeroit du pain. Par
« quoy les habitants du païs lui distribuoient sur
« l'heure ce qu'ils devoient manger eux-mêmes,
« et lors s'en alloit à une certaine fontaine esloi-
« gnée de la dite ville de Lesneven d'un quart de
« lieue du costé du midy, et là dedans il trempoit
« son pain et bribes d'aumosne et les mangeoit
« ainsi assaisonnées, et n'usoit jamais d'autre
« viande ni breuvage que de pain trempé dans
« cette fontaine. » Lorsqu'il faisait froid, il se sus-
pendoit à une branche d'arbre et se balançoit de
toute sa force, chantant à pleine bouche : O Marie !
« Toutefois, bien souvent, lorsqu'il advisoit que la
« fontaine fumoit et s'écouloit en vapeurs, il se
« fourroit jusques aux aisselles dedans l'eau.....
« Depuis donc que cet innocent fut décédé, il fut
« enterré par les voisins au lieu mesme, en la place
« de son lit, dessous son arbre, au près desa fon-
« taine. Il advint par après qu'un lys très-beau

« crut miraculeusement sur sa fosse, dont les fleurs
« représentoient en elles ces mots escrits en lettres
« d'or : *Ave, Maria*. Ce qui fust cause que le
« bruit courut incontinent par tout le païs circon-
« voisin, de sorte qu'un tel miracle fit amasser là
« une foule i .finie de monde, tant de gens d'église
« que de gentilshommes et d'autres personnes de
« tous estats, et tant hommes que femmes, pour
« admirer telle merveille, dont tous ensemble advi-
« sèrent et conclurent, par délibération et résolu-
« tion prises sur la place, qu'on feroit bastir une
« église en l'honneur de la Vierge Marie... laquelle
« fust appelée l'église de Notre Dame du *Foll-Goat*,
« c'est-à-dire, du bois ou hermitage du Fol, nom
« dont on réputoit le dit saint Salaün. »

C'est en effet à l'endroit même où jaillit la source
que s'élève le maître-autel; au dehors, de l'autre
côté du mur, se trouve la fontaine, recueillie dans
une grotte de forme ogivale.

Ainsi le suffrage populaire proclama saint Salaün
et décida l'érection d'une chapelle sous le nom de
sa patronne uni au sien. Le sien, je me trompe;
comme pour marquer à jamais l'origine *tumultuaire*
de l'acclamation, le sobriquet vulgaire a été sub-

stitué au nom. Nous surprenons ici le moyen âge
dans l'un de ses accès de foi et de religieuse émo-
tion ; nous l'allons surprendre encore dans la soli-
darité de ses membres travaillant en commun à la
construction de ses cathédrales. Les propriétaires
des environs donnent à la nouvelle chapelle des
champs, des bois, des parcs ; le vilain donne son
travail ; le duc de Bretagne, Jean V, suit le mouvement, et par lettres-patentes du 10 juillet 1422,
de l'agrément des trois Etats de son duché assem-
blés à Vannes, il érige la chapelle en collégiale et
lui assigne des rentes et des propriétés. Le Pape
l'enrichit d'indulgences. Pendant de longues années, l'histoire du Foll-Goat n'est que celle des
dons qui lui arrivent de toutes parts, jusqu'à ce
que Anne, la grande-duchesse, fasse achever l'é-
glise et construire le dôme et le portique des
Apôtres.

Par lettres-patentes du 9 juillet 1553, le roi
Henri II donna des statuts. L'article 11 établissait
une confrérie des deux sexes, où la primauté
(art. 12) était réservée au roi et à ses successeurs.
« Mais (art. 13) pour représenter dans ladite con-
« frérie la personne du Seigneur-Roi, les confrères
« procèderont chaque année à une élection en pré-

« sence du doyen ou de celui qui tiendra sa place ;
« l'élu prendra, pour cette année, le nom de *Roi*
« *de la confrérie*, et, dans tous les services sacrés,
« aux offices divins, dans toutes les réunions, il
« aura la place d'honneur et le premier rang; il
« aura aussi le pas aux offertes, dans les proces-
« sions et autres actes de la confrérie. » Le Roi
offrait le pain bénit le jour de la Nativité (art. 14),
et les confrères dinaient ensemble en payant chacun leur écot (art. 15).

Cette main-mise du Roi sur le Foll-Goat, si loin-
taine qu'elle paraît être, ne lui fut pas favorable.
En 1681, Louis XIV supprima le doyenné et le
collége, et donna le Foll-Goat avec la jouissance de
ses revenus aux jésuites qui venaient de fonder une
maison à Brest. Le Foll-Goat est délaissé : en 1708,
il est dévoré en partie par un incendie ; en 1763,
après l'expulsion des jésuites, il devient un asile
de convalescence pour les troupes du roi qui sortent de l'hôpital de la marine. J'ai raconté le
reste.

Telle est, rapidement résumée, l'histoire de
Notre-Dame-du-Foll-Goat, dont j'ai emprunté les
matériaux à la précieuse notice de M. de Kerdanet,
avocat à Lesneven.

Il est difficile de choisir dans les diverses parties de l'édifice celle qui mérite le plus d'attention ; si l'on est frappé, c'est surtout de l'harmonie et de la grâce générales. Les colonnes qui soutiennent les arcades n'ont qu'un fleuron à la place du chapiteau ; minces et élancées, elles permettent aux yeux de se promener presque sans obstacle de l'autel à la nef et aux bas-côtés ; le granit couleur de sable est gai à la vue, tout en donnant l'idée d'une stabilité sans changement.

Après la troisième travée et s'y rattachant, le jubé se dessine en trois arcades ogivales que portent quatre colonnettes et que surmontent une corniche et une galerie de feuillages finement sculptés. Sous les arcades de côté, il y a deux autels, tandis que celui du milieu sert de passage pour entrer au chœur. Le nombre de jubés qui subsistent encore est tellement restreint qu'on manque de termes de comparaison. Celui de Saint-Etienne-du-Mont a, comme l'église elle-même, plus de manière que de style ; celui de la Madeleine, à Troyes, serait, comme il est d'usage de le dire, une vraie dentelle de pierre, si la dentelle retracée dans la pierre ne prenait immédiatement l'aspect lourd et tombant. Il a de plus le défaut d'être d'un style compléte-

ment différent de celui de l'église, de cacher presque complétement l'autel aux fidèles, et de présenter un fouillis de sculptures où l'air ne circule pas
plus que le regard. Le jubé du Foll-Goat s'harmo-
nise avec l'église d'une façon merveilleuse ; le granit de Kersanton, plus foncé que l'autre, l'en détache et le met en saillie ; il est petit, mais rien
n'est plus léger, et c'est un chef-d'œuvre dans un
chef-d'œuvre.

J'en dirai autant des autels adossés à l'abside et
qui, comme le jubé, sont en granit de Kersanton.
La vigne court le long de l'entablement, autour
des arcades, en volutes délicates et fines ; chacun
de ces autels, varié dans son dessin, est un modèle
de goût et d'invention.

L'œil s'émerveille de tant d'harmonie ; il faut
s'arrêter, s'asseoir, reprendre sa promenade, et
l'admiration ne se lasse pas : elle se reporte des
piliers au jubé, d'un autel à l'autre, elle reprend
les détails, elle se rejette sur l'ensemble ; c'est
l'une des plus vives jouissances artistiques qu'on
puisse éprouver.

Je n'ai pas entrepris une description minutieuse
de l'architecture de Notre-Dame-du-Foll-Goat ; j'ai
prétendu seulement, après avoir raconté son his-

5.

toire, donner quelque idée du charme et de l'impression délicieuse que donne l'édifice. Aussi laisserai-je de côté le clocher qui le signale à la piété des pèlerins, la tour qu'on appelle un *dôme* et qui n'a jamais été surmontée de sa flèche ; le portail, encadré de sculptures, mais où l'on regrette l'absence du vestibule ; l'autre portail, situé sur la droite de l'église et dit de l'évêque Alain ; enfin, le portique des Apôtres, le plus complet, le plus élégant et le mieux conservé de ces annexes d'église, si communs dans le Finistère. Au-dessus de la porte se voyaient les hermines, qui sont les armes de Bretagne, et sur le pignon un grand nombre d'écussons appartenant aux plus hautes familles du duché. L'extérieur répond à l'intérieur, c'est tout dire, et en annonce dignement les merveilles.

Le pèlerinage et la foire aux chevaux attirent la foule au Foll-Goat de toutes les parties du Finistère.

C'est un rendez-vous de costumes.

Le paysan de Léon porte le chapeau rond et noir, à larges ailes, enroulé d'un double ruban noir attaché de deux boucles en acier, et la veste noire en drap. Son air est grave comme son habit, et l'on dirait, à voir sa tenue digne et ses cheveux bruns, d'une colonie d'Espagnols égarée dans l'Armorique.

L'habitant de Plougastel porte le bonnet rouge.

Les pêcheurs de Plounéour-Trez, de Goulven, de Brignogan, ont la calotte bleue serrée à la tête avec la pipe engagée dans la calotte. Ils ont la veste bleue, le pantalon large et plissé, relevé sur le genou, les jambes nues ; rasés au sommet de la tête, leurs cheveux blonds descendent en torsades sur leurs épaules. Leur nez est celui de l'oiseau de proie ; on prétend même qu'ils en ont eu les mœurs. Sur leurs côtes désolées et hérissées d'écueils, ils exerceraient volontiers encore le droit d'épaves, comme autrefois, si la marine ne les surveillait par tous ses agents. Les roches qui s'entassent par larges blocs dans leur voisinage dressent leurs têtes comme des chiens qui aboient ou comme des monstres qui hèleraient les navires pour les égarer et les engloutir.

Les coiffes des femmes flottent en larges ailes ; les costumes les plus élégants viennent de Pont-l'Abbé, de Fouësnant A Pont-l'Abbé, les hommes ont deux ou trois vestes à plusieurs rangs de franges ; les femmes, vêtues de drap, portent ces franges dans le haut du corsage, sur les bras et au bas de la jupe. Leur coiffure, qui ressemble à un casque en papier, n'a pas de grâce, et pourtant sied aux jeunes et rajeunit les vieilles. Fouësnant, près de Concarneau, est fière de ses filles et les habille en conséquence. Leur bonnet forme sur le devant de la tête un bandeau agrémenté en dessous de rubans de couleur, et par derrière, ses longues ailes retombent sur une large collerette plissée.

Mais que sont toutes ces descriptions de costumes ou d'églises? Il faut les aller voir soi-même, s'en souvenir et y envoyer ses amis.

———

VIII

CONCARNEAU

Connaît-on bien Concarneau? C'est un port avec fortifications anciennes et modernes; il nous en vient chaque jour des sardines par centaines de mille; la pisciculture y possède un curieux établissement qui est à la fois une exploitation commerciale et un lieu d'étude : sait-on bien tout cela? — J'y suis allé, « moi qui vous parle, » comme on dit en Provence; laissez-moi vous dire quelque chose de Concarneau.

Au pied d'une côte boisée, s'étend un bassin d'environ 450 mètres de largeur, au milieu duquel se dresse un îlot armé de tours, de créneaux et de machicoulis. C'est l'ancien Concarneau, la *ville close*, naguère repaire de brigands, pris par Dugues-

clin sur les Anglais, assiégé plusieurs fois sous la
ligue par les deux partis. En 1806, le vaisseau *le
Vétéran*, commandé par le prince Jérôme, péné-
trait jusqu'au fond de l'anse, à travers les écueils
qui bordent le chenal et sous le feu des vaisseaux
anglais qui le poursuivaient ; on montre l'endroit
où il a stationné une année durant, à l'abri du fort,
sans que les Anglais osassent en risquer l'approche. Les quatorzième, quinzième et seizième siècles ont concouru à le fortifier ; il est occupé
encore aujourd'hui par quelques gardes d'artillerie
et du génie, et j'y ai vu un petit arsenal qui contient de quoi monter soixante et onze canons sur
les batteries de la côte. Ce fort, sur ce rocher en-
touré d'eau, donne à la ville une physionomie et
un certificat d'antiquité ; ce n'est plus seulement
une anse favorable, un port de commerce, une
bonne station de pêche : cet îlot a un passé et une
histoire.

Le port s'ouvre devant la *ville close*, du côté du
sud. Il communique par deux étroits passages, des-
séchés à marée basse, avec le bassin du nord, qu'on
aperçoit d'abord en descendant à Concarneau.

Il est six heures du soir : les pêcheurs revien-

nent, voiles déployées. La passe franchie, on car-
gue, et chaque bateau, à l'aide des rames, vient se
ranger à sa place, dans un bassin réservé, le long
du quai. Ils sont là deux ou trois cents, les filets
suspendus d'un mât à l'autre avec les liéges en
l'air, pour sécher jusqu'au lendemain matin. Les
femmes, les filles, les enfants, accourent avec des
paniers. On jette les paniers dans le bateau : les
pêcheurs les remplissent de deux cents sardines
chaque, les replongent à l'eau pour les rafraîchir
et les hissent sur le quai tout dégouttants. Pendant
une heure ou deux, c'est un va-et-vient continu
des bateaux à la *frégasse* (j'ai déjà expliqué ce
mot), et de la frégasse aux bateaux. Certains bateaux ont pêché sept, douze, quinze et jusqu'à
vingt mille sardines; c'est l'œuvre d'une journée
pour un seul bateau, mais non de tous les bateaux
ni de tous les jours. L'adresse n'y fait pas moins
que la chance. Sur la margelle du quai, de vieilles
bonnes femmes s'agenouillent devant les bateaux
et marmottent des prières. Les pêcheurs leur jettent quelques sardines, et elles payent tout de suite
en monnaie d'*Ave*, pour recommencer vite ailleurs.
— « Et que faites-vous, bonne femme, de tous ces
poissons ? — Eh ! je les vends, donc, et je mange

les autres. J'en mangerai une douzaine, ce soir, à mon souper. » Puis, sur un autre ton : « Mon bon monsieur, que ne me donnez-vous l'aumône, et je vais prier pour vous ! » — Et, l'aumône reçue, elle se signe et prie.   .

Au bout du quai, d'autres femmes, accroupies en cercle et la pipe à la bouche, disposent la sardine, au sortir de l'eau, dans des paniers, semant chaque couche d'une poignée ou deux de gros sel. La sardine, empaquetée ainsi, est entière ; mais tout auprès, dans un établissement spécial, avant de l'emballer dans les paniers ou de la mettre en boîtes, on l'*étripe*, c'est-à-dire qu'on enlève la tête et qu'on vide le dedans. C'est la préparation au sel, la plus simple.

La préparation à l'huile, sans être bien compliquée, l'est d'avantage. Nous ne chercherons pas loin une *frégasse* ; en passant dans une ruelle, nous entendons des femmes qui chantent en chœur : c'est là. On étend d'abord la sardine sur des clayons en laiton ; on l'expose à l'air et elle sèche. Le lendemain, elle est mise en boîtes, arrosée d'huile, puis on soude. Il se faisait dans cet établissement 5,000 boîtes par jour, ce qui représente, à 25 par boîte, 125,000 sardines. Ces femmes sont payées à la tâche ; elles peuvent gagner 2 fr. 50 c. à 3 fr. par jour ; mais elles travaillent dès cinq heures du matin et veillent quelquefois jusqu'à minuit, et plus tard si l'ouvrage commande. Il faut encore remarquer que la pêche ne dure que quatre mois environ, de la mi-juin à la mi-octobre. Le reste de l'année, elles sont donc obligées de trouver un autre genre de travail.

Cette année, la pêche a été d'une abondance exceptionnelle : les pêcheurs s'en plaindraient presque. Leurs gains, en effet, ne sont pas plus avantageux que dans une année médiocre. Dans le cours de la semaine, où je me trouvais à Concarneau, du 22 au 29 septembre, il s'est vendu (chiffre officiel) 1,995,000 sardines, qui ont produit 1,361 francs, soit 6 fr. 40 c. par mille. Cette moyenne est élevée, si on la compare à certaines moyennes de juillet qui, au plus fort de la pêche, sont descendues à 4 fr., 3 francs 50 c. et même 2 fr. 50 c. Mais ces moyennes, si fortes ou si faibles qu'elles soient, ne représentent pas encore le prix réellement payé aux pêcheurs. Nous verrons tout à l'heure comment il s'établit, si le gain est proportionné au travail, si les pêcheurs ont raison de se plaindre et de qui.

Les négociants propriétaires de *frégasses* sont les rois de Concarneau. Ils sont maîtres de tout : maîtres des bateaux, et quelques-uns en possèdent jusqu'à quarante, de sorte que les pêcheurs, patrons ou matelots, ne sont pour la plupart que des ouvriers, des *tâcherons;* maîtres des agrès, qu'ils monopolisent; maîtres de la *roque* (c'est le nom de l'appât à l'aide duquel on prend la sardine); ils la font venir de Norwége, l'y achètent 20 ou 30 fr. le baril et la revendent 80 francs aux pêcheurs. Ils sont de plus propriétaires des maisons où logent les pêcheurs, de telle sorte qu'ils les tiennent en sujétion par le logement et par tous les instruments de travail.

Ce ne sont pas les négociants que je blâme : ils font le commerce, ils en suivent les traditions et les usages. Je blâme les pêcheurs d'avoir, par leur imprévoyance, par leur négligence, par leur insouciance, livré aux négociants le moyen de les exploiter. Pourquoi, quand vient octobre, n'ont-ils pas de quoi payer leur loyer? Le négociant consent des délais, des réductions au locataire pour se rattraper sur l'engagement qu'il

fait contracter au pêcheur. Pourquoi, avec les relations extérieures que crée nécessairement un port
de commerce, si humble qu'il soit, n'avisent-ils pas
à s'approvisionner de leurs principaux instruments
de travail, voilure, filets, appât ? Pourquoi, enfin,
après quinze ou vingt années, se trouvent-ils aussi
dénués qu'au premier jour, courant la mer sur un
bateau d'emprunt, ouvriers à solde et jamais propriétaires ?

Ainsi, avant de murmurer contre les négociants,
c'est d'eux-mêmes que les pêcheurs doivent se
plaindre, chacun de tous et tous de chacun. Le
commissaire de la marine a voulu naguère s'occu-
per de leurs intérêts ; les uns ne s'y prêtaient
qu'avec défiance, les autres traitaient par derrière
avec les négociants. Aussi qu'arrive-t-il ? Les pêcheurs qui sont à la solde des négociants subissent
des cours et des prix qu'ils ne font pas, tandis que
ceux qui sont propriétaires de leurs bateaux sont
écrasés et par leur petit nombre et par l'impuis-
sance de leurs camarades. Ceux-là se sont annulés
eux-mêmes, ceux-ci sont annulés par la faiblesse
de leur concurrence, de sorte qu'il est vrai de dire
qu'en réalité ce sont les négociants qui font les
prix.

Voyons maintenant si les prix, même les plus élevés, sont rémunérateurs.

Le pêcheur part à quatre, cinq ou six heures du matin ; il reste en mer jusqu'au soir. On ne tient pas compte du danger : moi, j'y songe, quoique, comme on dit, ce soient des marins, et que d'aller sur mer soit leur métier. Prenons la moyenne indiquée plus haut : 6 fr. 40. C'est le commissaire de la marine qui l'établit, d'après les prix des ventes. Sur cette somme, on prélève 2 fr. pour les avances, les avaries, les réparations nécessaires, pour les *étoffes* enfin, comme on dit dans la langue typographique ; reste 4 fr. 40. Là-dessus, le propriétaire du bateau, soit négociant, soit marin, prélève encore les deux tiers, comme propriétaire : *Ego nominor leo.* Reste 1 fr. 45, 1 fr. 50, qui sont partagés entre quatre : le patron, qui a la part la plus forte, les deux matelots, et le mousse qui, naturellement, est le plus faiblement payé. Dans les jours où la pêche est bonne, les matelots se trouvent avoir gagné 2 fr. 50. Si modeste qu'il soit, ce gain paraît à peu près raisonnable, si l'on tient compte et du bon marché qui règne dans ces contrées et qui donne à l'argent une valeur plus haute, et des ressources personnelles que les pêcheurs trouvent dans la pêche qui compose leur nourriture quotidienne. Il n'en est pas de même si l'on considère les dangers courus, les bénéfices énormes des négociants, et l'irrégularité des moyennes, dont celle de 2 fr. 50 est l'une des plus fortes.

A cette situation précaire dans laquelle les pêcheurs se laissent retenir toute leur vie, il y a deux remèdes, aussi difficiles l'un que l'autre à appliquer. Il faut demander à des hommes habitués à la pauvreté, insouciants par métier, durs pour eux-mêmes quand ils n'ont rien, prodigues les jours de paye, de se corriger de leurs traditions invétérées, d'être toujours sobres, économes, prévoyants. C'est demander beaucoup. Avec les réserves qu'ils amasseront par cette conduite, ils peuvent se relever de leur sujétion, acheter un bateau, se procurer à des prix raisonnables les agrès, la *roque*, et payer leurs loyers régulièrement, s'ils ne peuvent acquérir la maison qu'ils habitent. Est-ce trop de besogne pour un seul ? Qu'ils s'associent ! Maîtres de la mer, ils sont maîtres du marché. Leur situation serait excellente s'ils en savaient profiter ! Ce n'est pas là l'opinion d'un voyageur qui passe, mais celle d'un fonctionnaire qui vit au milieu d'eux, qui les aime, qui les connaît et qui voudrait concourir à leur prospérité.

L'établissement de pisciculture, dit de M. Coste, est la propriété d'un particulier, M. Guillou, autrefois pêcheur à Concarneau, maintenant chevalier de la Légion d'honneur et en passe de s'enrichir, si la chose n'est déjà faite. On raconte que M. Guillou, lorsqu'il servait sur les bâtiments de l'Etat, se trouva en 1836 à bord de l'*Andromède*, qui transportait le prince Louis-Napoléon en Amérique, à la suite des événements de Strasbourg; qu'il fut attaché à la personne du prince durant la traversée, et que, parvenu au trône, le prince se souvint du matelot, à moins que le matelot ne se soit souvenu du prince le premier. Quoi qu'il en soit, M. Guillou méritait sans doute que la faveur souveraine s'arrêtât sur lui; il a su d'une modeste situation s'élever à une situation plus haute et s'en montrer digne; il possède un établissement important et qui prospère.

Installé sur une berge couverte de roches et les murs baignant dans l'eau à marée haute, il ressemble par le côté qui regarde la mer à un blockaus percé de meurtrières. Quoique fort solidement bâti, le mur n'a pas résisté au coup de vent du 4 décembre dernier; il s'est écroulé sous l'effort des vagues, et cinq mille langoustes ont repris le chemin de la pleine mer. Ç'a été, tant en poissons que pour les réparations nécessaires, une perte de quinze mille francs. Cette somme est la rançon de l'expérience acquise.

Quatre grands bassins séparés par des murs épais contiennent des espèces différentes : ici les langoustes, là les homards, se blottissant dans les coins, s'accolant aux roches, aux murailles, aux escaliers; on en compte trois ou quatre mille des unes, deux mille des autres. Dans un autre bassin gisent les huîtres; dans un quatrième, les turbots, larges, épais, la peau sablée, la gueule toujours béante pour saisir la proie; les soles aux taches épatées, les grondins ou rougets de mer, les vives, les vielles, etc., etc. L'eau se renouvelle deux fois par jour, à mer haute, par des ouvertures pratiquées dans le mur de défense; aussitôt qu'elle arrive, tous les poissons quittent le fond, s'élèvent à la surface et s'y viennent rafraîchir. C'est la pêche qui alimente ces viviers; chaque soir des pêcheurs apportent leur poisson, et spécialement des langoustes et des homards. La langouste produit 90,000 œufs par an :

mais il faut de sept à huit années, le temps de faire un bachelier, pour que toutes ces petites langoustes deviennent présentables. Le savant est doué de patience, mais le commerçant n'attend pas.

L'autre partie de l'établissement est consacrée à la science ichthyologique, à l'étude, à l'éducation des poissons.

Il n'y a qu'une salle encore, mais déjà fort intéressante. Au milieu, un bassin de trois mètres de long sur un mètre et demi de large contient des congres, des anguilles, des galères. On ne sait rien encore ni des mœurs ni du sexe des congres. Ces longs reptiles d'eau sont tellement habitués à vivre dans les trous des rochers, qu'il a fallu leur en offrir au moins l'image. On leur a donné des tuyaux en terre cuite dans lesquels ils s'enferment le milieu du corps ; on les touche avec une canne, on les tracasse, ils sortent à grand'peine de leur tuyau, mais pour y rentrer bien vite. La galère glisse sur l'eau comme un petit ballon bleu clair qu'aurait gonflé le gaz ; derrière elle, une longue et mince écharpe trace un léger sillage azuré. Des aquariums sont disposés tout autour de la salle. Le cheval marin, en forme de chimère, s'élance à la surface à l'aide d'une hélice qu'il porte sur le dos ; les vielles étalent leurs couleurs chatoyantes ; les turbots prennent la couleur du sable sur lequel ils reposent ; de petits homards dressent leurs pinces et nous serrent les doigts par manière de jeu, tandis que de petites raies apprivoisées nous caressent les mains et nous regardent d'un œil tendre [

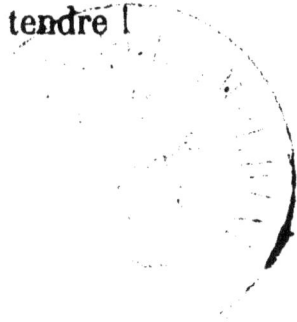

Je termine ici ces souvenirs de Bretagne.

De gré ou de force, j'ai omis bien des choses ; je n'ai parlé ni de l'admirable cathédrale de Quimper, ni du vaste et beau cloître ogival de Pont-Labbé. Je n'ai vu ni Saint-Pol ni Carhaix ; j'ai remis à l'année prochaine une excursion aux îles d'Ouessant. De l'histoire et du passé, je n'ai rien dit ou à peu près : j'ai laissé Merlin dans sa tombe, j'ai laissé les dolmens et les menhirs dans leurs solitudes.

Mais, avant de quitter cette chère Bretagne hospitalière, dont le nom seul inspire le respect et reporte l'esprit dans les vieux âges, j'ai voulu m'arrêter quelques instants à Lorient, où est né, où repose le dernier poète qui l'ait chantée, Brizeux. Canons et mortiers tonnaient au polygone, tandis que je m'acheminais, par les allées de Carnel, vers le cimetière, cet asile de paix. C'est là, aux environs et en vue du Scorf, que s'élève le sobre, sévère et harmonieux tombeau[1] du barde breton.

Sur une table en granit reposent une couronne d'immortelles et un style entrelacés ; à l'extrémité, une croix à trèfles dans le fût de laquelle se détache un médaillon en marbre blanc. On lit dans les bras de la croix : *A Brizeux*, et, au-dessous, des branches de chêne et de bruyère croisent leurs rameaux et couronnent le médaillon. Le poète ne souhaitait pas tant d'honneurs.

Vous mettrez sur ma tombe un chêne, un chêne sombre,

avait-il écrit, et son vœu a été accompli. Un chêne

s'élève derrière la croix, et, comme pour marquer la rapidité des années, l'ombrage déjà de ses rameaux.

1. C'est M. Etex qui en est l'auteur.

FIN.

TABLE

www.ingramcontent.com/pod-product-compliance
Lightning Source LLC
Chambersburg PA
CBHW070132100426
42744CB00009B/1800